Pour ou contre le droit à l'avortement

Débat entre droits individuels, éthique médicale et enjeux de société

Par

Jordan Garcia Lopez

Table des matières :

INTRODUCTION

L'avortement est l'un des sujets les plus controversés et émotionnellement chargés de notre époque. Il touche à des questions fondamentales sur la vie, la liberté individuelle, l'éthique médicale et le rôle de l'État dans les décisions les plus intimes des citoyens. Ce débat, qui divise profondément les sociétés à travers le monde, est au carrefour de considérations médicales, juridiques, philosophiques, religieuses et sociales.

L'objectif de ce livre est d'examiner de manière impartiale et approfondie les arguments pour et contre le droit à l'avortement. Notre intention n'est pas de convaincre le lecteur d'adopter une position particulière, mais plutôt de fournir une base solide d'informations et de réflexions pour permettre à chacun de développer une compréhension nuancée de cette question complexe.

Au fil de ces pages, nous explorerons l'histoire de l'avortement, son évolution juridique et sociale, et les différentes approches adoptées à travers le monde. Nous examinerons les aspects médicaux et scientifiques, y compris les méthodes d'avortement, le développement fœtal et les risques pour la santé. Nous aborderons également les dimensions éthiques et philosophiques, en nous penchant sur des questions telles que le début de la vie, l'autonomie corporelle et les droits en conflit.

Ce livre abordera également les implications sociales plus larges de l'avortement, y compris son impact sur la santé publique, l'égalité des sexes, la planification familiale et les politiques démographiques. Nous examinerons comment différentes cultures et systèmes de croyances abordent cette question et comment les politiques en matière d'avortement façonnent et reflètent les valeurs sociétales.

Dans un monde où les droits des femmes, la santé reproductive et les questions bioéthiques sont au premier plan des débats publics, une compréhension approfondie de la question de l'avortement est plus cruciale que jamais. Que vous ayez une position ferme sur le sujet ou que vous cherchiez à mieux comprendre les différents points de vue, nous espérons que cet ouvrage vous offrira de nouvelles perspectives et approfondira votre réflexion.

Notre but est de favoriser un dialogue ouvert, respectueux et fondé sur des faits. Nous reconnaissons la nature sensible et souvent douloureuse de ce sujet pour de nombreuses personnes, et nous nous efforcerons de traiter toutes les perspectives avec empathie et respect.

En fin de compte, la question du droit à l'avortement nous invite à réfléchir sur des valeurs fondamentales telles que la liberté, la responsabilité, la compassion et la dignité humaine. En explorant ce sujet de manière exhaustive, nous espérons contribuer à un débat public plus éclairé et plus constructif sur l'une des questions les plus importantes et les plus controversées de notre temps.

I. Contexte médical et scientifique

A. Définition et méthodes d'avortement

L'avortement, défini comme l'interruption volontaire d'une grossesse avant que le fœtus ne soit capable de vivre de manière autonome en dehors de l'utérus, peut se diviser en plusieurs types en fonction de la méthode employée et du stade de la grossesse. On distingue principalement l'avortement médicamenteux et l'avortement chirurgical, chacun ayant des indications spécifiques et des implications médicales particulières.

L'avortement médicamenteux est généralement utilisé au cours des premières semaines de la grossesse, généralement jusqu'à la 9e ou 10e semaine d'aménorrhée. Il repose sur l'administration de médicaments qui provoquent le détachement de l'embryon et la contraction de l'utérus, entraînant l'expulsion du produit de conception. Le protocole classique combine deux substances : la mifépristone, qui bloque l'action de la progestérone essentielle au maintien de la grossesse, et le misoprostol, qui induit les contractions utérines. Cette méthode, de plus en plus répandue en raison de son caractère non invasif, nécessite un suivi médical pour s'assurer de l'évacuation complète et prévenir les complications telles que l'hémorragie ou l'infection.

L'avortement chirurgical, quant à lui, est souvent privilégié à partir de la 10e semaine de grossesse ou lorsque l'avortement médicamenteux a échoué. Les techniques chirurgicales varient en fonction de la progression de la grossesse. Les méthodes les plus courantes incluent l'aspiration, également appelée aspiration manuelle intra-utérine (AMIU), et la dilatation et curetage (D&C). L'aspiration consiste à dilater le col de l'utérus et à utiliser une canule pour aspirer le contenu utérin. La dilatation et curetage, bien que similaire, implique l'utilisation d'instruments chirurgicaux pour gratter les parois utérines après la dilatation cervicale. Pour les grossesses plus avancées, la dilatation et évacuation (D&E) combine ces techniques avec une évacuation des débris fœtaux à l'aide de pinces. Ces interventions sont réalisées sous anesthésie locale ou générale, et nécessitent un environnement médical sécurisé pour minimiser les risques de complications telles que les perforations utérines ou les infections post-opératoires.

B. Développement fœtal et viabilité

Le développement fœtal suit un schéma complexe de croissance et de maturation, rendant chaque phase de la grossesse unique en termes de viabilité potentielle du fœtus et d'enjeux médicaux associés à un avortement. Comprendre ces étapes est crucial pour évaluer les implications éthiques et médicales de l'interruption de grossesse.

La grossesse se divise généralement en trois trimestres, chacun marqué par des jalons critiques dans le développement du fœtus. Au premier trimestre, le développement embryonnaire est caractérisé par la formation des organes primordiaux et du système nerveux central. À ce stade, l'embryon est extrêmement vulnérable, et la viabilité en dehors de l'utérus est impossible. Le deuxième trimestre voit la maturation des organes et le début de la capacité de mouvement fœtal. Vers la fin de ce trimestre, le fœtus commence à développer des réflexes primitifs et un rythme cardiaque détectable, mais il reste encore trop immature pour survivre indépendamment.

Le troisième trimestre est marqué par une maturation rapide des systèmes respiratoire et neurologique, rendant le fœtus progressivement plus viable. La viabilité fœtale, souvent définie autour de la 24e semaine de gestation, est cependant sujette à des variations en fonction des avancées technologiques en néonatologie et des soins disponibles. Des naissances viables ont été enregistrées dès la 22e semaine, mais avec des taux de survie faible et des risques élevés de complications à long terme. Cette réalité soulève des dilemmes éthiques et médicaux importants concernant les limites de l'avortement tardif, souvent sujet à des législations strictes.

C. Risques médicaux et complications

L'avortement, bien que généralement sûr lorsqu'il est pratiqué dans des conditions médicales appropriées, comporte néanmoins des risques inhérents, qui varient en fonction de la méthode utilisée, du stade de la grossesse, et de l'état de santé général de la patiente. L'évaluation de ces risques est essentielle pour informer les choix des femmes et guider les pratiques médicales.

Les risques immédiats liés à l'avortement médicamenteux incluent principalement des saignements abondants, des crampes utérines sévères, et des nausées. Dans certains cas, l'avortement médicamenteux peut échouer à expulser complètement les tissus embryonnaires, nécessitant une intervention chirurgicale supplémentaire pour éviter une infection ou une hémorragie. Les infections, bien que rares, peuvent survenir si des tissus restent dans l'utérus ou si les protocoles de suivi ne sont pas rigoureusement respectés.

Les complications liées à l'avortement chirurgical incluent des risques d'infection, de perforation de l'utérus, et de lésions du col de l'utérus. Ces complications, bien que rares, peuvent avoir des conséquences graves, incluant une hémorragie importante nécessitant une transfusion sanguine ou une intervention chirurgicale d'urgence. Les adhérences intra-utérines, connues sous le nom de syndrome d'Asherman, constituent une autre complication potentielle, pouvant entraîner des problèmes de fertilité à long terme.

Un autre aspect important à considérer est l'impact psychologique de l'avortement, qui varie considérablement d'une femme à l'autre. Certaines peuvent éprouver un soulagement et une amélioration de leur bien-être après l'intervention, tandis que d'autres peuvent faire face à des sentiments de culpabilité, de tristesse, ou de dépression. Ces réactions dépendent largement du contexte personnel, des croyances culturelles, et du soutien social disponible.

En conclusion, le contexte médical et scientifique de l'avortement est complexe et doit être compris dans une perspective holistique. Cela inclut non seulement les méthodes disponibles et leur sécurité, mais aussi la reconnaissance du développement fœtal et des risques inhérents à toute intervention médicale. La prise de décision éclairée et le respect des choix individuels doivent rester au cœur de toute approche concernant l'avortement.

II. Cadre juridique et politique

A. Évolution des lois sur l'avortement dans le monde

L'histoire des lois sur l'avortement est marquée par des évolutions importantes, souvent étroitement liées aux changements sociétaux, politiques, et religieux. Au fil des siècles, la régulation de l'avortement a oscillé entre interdiction stricte, tolérance sous conditions, et libéralisation progressive, en fonction des contextes historiques et géographiques.

Dans l'Antiquité, l'avortement était généralement toléré, avec des méthodes rudimentaires souvent dangereuses pour la femme. Cependant, à mesure que les religions monothéistes se sont installées, les attitudes envers l'avortement sont devenues plus restrictives. Par exemple, au Moyen Âge en Europe, l'influence croissante de l'Église catholique a conduit à une condamnation sévère de l'avortement, considéré comme un péché grave. Cette position a perduré pendant des siècles, influençant les législations en Europe et au-delà, notamment dans les colonies européennes.

C'est au cours du 19e siècle que de nombreuses nations ont codifié l'interdiction de l'avortement dans leurs lois nationales, souvent en réponse à la montée des mouvements religieux et moraux. Les lois criminelles sur l'avortement ont alors fleuri, pénalisant sévèrement les femmes et les praticiens impliqués dans cette pratique. Cependant, à partir du milieu du 20e siècle, avec l'émergence des mouvements féministes et les avancées en matière de droits de l'homme, plusieurs pays ont amorcé un virage progressif vers la légalisation ou la dépénalisation de l'avortement.

Aux États-Unis, l'arrêt historique *Roe v. Wade* de 1973 a marqué un tournant en reconnaissant le droit constitutionnel des femmes à l'avortement sous certaines conditions. En Europe, des pays comme le Royaume-Uni avec la *Abortion Act* de 1967, et la France avec la loi Veil de 1975, ont légalisé l'avortement dans des cadres réglementés, tout en intégrant des garanties pour la santé des femmes. Au cours des dernières décennies, un nombre croissant de pays a assoupli ses lois, notamment en Amérique latine et en Afrique, bien que des restrictions demeurent en vigueur dans plusieurs régions.

B. Variabilité des législations selon les pays

Les lois sur l'avortement varient largement à travers le monde, reflétant les divers contextes culturels, religieux, et politiques. Cette variabilité se manifeste à travers différents critères, notamment les circonstances autorisant l'avortement, les délais légaux, et les conditions sous lesquelles l'intervention peut être pratiquée.

Dans certains pays, l'avortement est totalement interdit, sans exception légale, même en cas de viol, d'inceste ou de danger pour la vie de la femme. C'est le cas dans des nations telles que le Salvador, le Nicaragua, et Malte, où l'avortement est pénalement réprimé, et les femmes qui y ont recours peuvent encourir de lourdes peines de prison. En revanche, des pays comme le Canada ou les Pays-Bas ont adopté des législations très libérales, où l'avortement est légal sans restriction jusqu'à un certain stade de la grossesse, souvent autour de 24 semaines, et parfois même au-delà en cas de risques graves pour la santé de la femme.

Entre ces deux extrêmes, la plupart des pays adoptent des approches intermédiaires. En Europe, des nations comme l'Allemagne et l'Italie permettent l'avortement dans les 12 premières semaines de grossesse, sous réserve d'une période de réflexion obligatoire ou d'une consultation préalable. Aux États-Unis, bien que *Roe v. Wade* ait établi un cadre pour l'accès à l'avortement, la situation légale varie désormais considérablement d'un État à l'autre, surtout après la décision *Dobbs v. Jackson Women's Health Organization* de 2022 qui a annulé *Roe v. Wade*. Certains États ont maintenu l'accès à l'avortement, tandis que d'autres ont imposé des restrictions sévères, voire interdit l'avortement presque totalement.

En Afrique, la situation est très contrastée. Tandis que l'Afrique du Sud a légalisé l'avortement en 1996 avec la *Choice on Termination of Pregnancy Act*, offrant l'un des cadres les plus progressistes du continent, d'autres pays comme le Sénégal ou la Mauritanie interdisent strictement la pratique, même en cas de danger pour la vie de la mère. En Asie, l'Inde autorise l'avortement jusqu'à 20 semaines dans certaines conditions, mais d'autres nations comme le Pakistan ou les Philippines imposent des restrictions sévères.

Ces disparités législatives sont souvent le reflet des tensions entre les traditions culturelles, les doctrines religieuses, et les dynamiques politiques propres à chaque pays. Elles ont également des conséquences directes sur l'accès des femmes à des services d'avortement sûrs, poussant parfois celles-ci à recourir à des pratiques clandestines dangereuses dans les pays où l'avortement est restreint.

C. Influence des groupes de pression et des mouvements sociaux

Les lois sur l'avortement ne se sont pas développées en vase clos, mais ont souvent été le résultat de pressions intenses de la part de divers groupes d'intérêt, que ce soit en faveur de la libéralisation ou de la restriction de cette pratique. Ces groupes de pression incluent des organisations religieuses, des mouvements féministes, des partis politiques, et des ONG, chacun cherchant à influencer les politiques publiques en fonction de ses convictions et objectifs.

Les mouvements féministes ont joué un rôle crucial dans la libéralisation des lois sur l'avortement à partir des années 1960. À travers des campagnes de sensibilisation, des manifestations, et des actions judiciaires, ces mouvements ont mis en avant le droit des femmes à disposer de leur corps et à faire des choix reproductifs autonomes. En France, par exemple, le *Manifeste des 343*, un appel signé en 1971 par des femmes déclarant avoir subi un avortement illégal, a fortement contribué à la légalisation de l'avortement en 1975.

Parallèlement, les groupes religieux, en particulier l'Église catholique, ont souvent mené des campagnes vigoureuses contre la légalisation de l'avortement, arguant du caractère sacré de la vie dès la conception. Ces groupes ont utilisé une variété de moyens pour influencer les politiques publiques, allant de la pression sur les législateurs à l'organisation de manifestations de masse. Aux États-Unis, le mouvement pro-vie, soutenu par de nombreuses églises et organisations conservatrices, a mené une lutte acharnée pour restreindre l'accès à l'avortement, influençant considérablement la politique de nombreux États.

Les ONG et organisations internationales ont également joué un rôle significatif, en particulier dans les pays en développement. Des organisations telles que Planned Parenthood et Amnesty International ont milité pour l'accès à l'avortement sécurisé, soulignant les implications en matière de santé publique et de droits humains. Dans certains cas, ces groupes ont réussi à influencer les gouvernements nationaux et les agences internationales pour adopter des politiques plus favorables aux droits reproductifs.

Enfin, les partis politiques ont souvent utilisé la question de l'avortement comme un levier pour mobiliser leurs bases électorales. Dans certains pays, l'avortement est devenu un enjeu clé dans les campagnes électorales, les candidats adoptant des positions tranchées pour attirer les électeurs. Cela a conduit à des législations fluctuantes, au gré des changements de majorité politique, comme en témoigne l'évolution récente des lois sur l'avortement aux États-Unis.

En somme, le cadre juridique et politique de l'avortement est le résultat d'une interaction complexe entre l'évolution des lois, la variabilité des législations selon les pays, et l'influence des groupes de pression. Cette dynamique continue de façonner les politiques d'avortement dans le monde entier, rendant la question toujours sujette à des débats passionnés et à des évolutions législatives.

III. Arguments en faveur du droit à l'avortement

A. Autonomie corporelle et droits des femmes

Le droit à l'avortement est souvent défendu comme une expression fondamentale de l'autonomie corporelle des femmes. Cette notion repose sur l'idée que chaque individu doit avoir le contrôle exclusif sur son corps, y compris la décision de mener ou non une grossesse à terme. L'accès à l'avortement permet aux femmes de faire des choix éclairés concernant leur vie, leur santé, et leur avenir, sans être contraintes par des lois ou des normes sociales restrictives. Refuser ce droit revient à nier aux femmes leur capacité à prendre des décisions autonomes concernant leur corps, ce qui constitue une atteinte à leurs droits fondamentaux.

En outre, l'autonomie corporelle est intrinsèquement liée à la liberté de choix reproductif. Le fait de contraindre une femme à mener une grossesse non désirée constitue non seulement une violation de son droit à la vie privée, mais aussi une imposition injuste de contraintes physiques, psychologiques, et économiques. Ainsi, la reconnaissance du droit à l'avortement est essentielle pour garantir que les femmes puissent exercer pleinement leur liberté de choisir ce qui est le mieux pour elles, en fonction de leur situation personnelle et de leurs convictions.

B. Santé et sécurité des femmes

L'avortement sécurisé est crucial pour la santé et la sécurité des femmes. Lorsque l'accès à l'avortement est restreint ou interdit, les femmes sont souvent poussées à recourir à des méthodes clandestines dangereuses, mettant leur vie en péril. Les statistiques mondiales montrent que dans les pays où l'avortement est illégal, le nombre d'avortements non sécurisés augmente, entraînant des taux élevés de complications médicales, de morbidité, et de mortalité maternelle.

La légalisation et la régulation de l'avortement permettent de réduire considérablement ces risques en garantissant que les procédures soient effectuées dans des conditions médicales sûres, par des professionnels de santé qualifiés. De plus, un accès légal à l'avortement s'accompagne souvent d'une meilleure information sur la contraception et la santé reproductive, ce qui contribue à prévenir les grossesses non désirées et à améliorer le bien-être général des femmes.

L'accès à un avortement sécurisé est également crucial pour la santé mentale des femmes. Forcer une femme à poursuivre une grossesse non désirée peut entraîner un stress psychologique important, des troubles anxieux, voire des épisodes de dépression. L'option de l'avortement, en revanche, permet aux femmes de prendre des décisions qui respectent leur santé mentale et leur bien-être émotionnel.

C. Égalité des sexes et justice sociale

Le droit à l'avortement est un élément essentiel pour promouvoir l'égalité des sexes. Les femmes ne peuvent jouir d'une égalité véritable que si elles ont le pouvoir de décider quand et si elles veulent avoir des enfants. Les grossesses non désirées peuvent entraver l'accès des femmes à l'éducation, limiter leurs opportunités professionnelles, et les placer dans des situations économiques précaires, perpétuant ainsi les inégalités de genre.

L'accès à l'avortement permet aux femmes de participer pleinement à la vie économique et sociale, en leur offrant la possibilité de planifier leur vie de manière autonome. Cela contribue à réduire les disparités entre hommes et femmes, en permettant aux femmes de poursuivre leurs ambitions personnelles et professionnelles sans être contraintes par des grossesses non désirées. De plus, l'égalité des sexes ne peut être atteinte que si les femmes ont les mêmes droits que les hommes à prendre des décisions concernant leur santé et leur corps.

En outre, l'accès à l'avortement est une question de justice sociale. Les femmes issues de milieux défavorisés sont souvent les plus touchées par les restrictions à l'avortement, car elles ont moins accès à des soins médicaux de qualité et à des méthodes de contraception efficaces. En rendant l'avortement légal et accessible, les sociétés peuvent réduire les inégalités socio-économiques en garantissant que toutes les femmes, quel que soit leur statut socio-économique, aient accès aux soins de santé dont elles ont besoin.

D. Planification familiale et contrôle démographique

L'avortement joue un rôle clé dans la planification familiale et le contrôle démographique. En permettant aux femmes de choisir le moment de leurs grossesses, l'avortement contribue à la réduction des naissances non planifiées, ce qui est essentiel pour les familles qui souhaitent limiter leur taille pour des raisons économiques ou personnelles. Une planification familiale efficace permet aux parents de mieux gérer leurs ressources, d'investir davantage dans l'éducation et la santé de leurs enfants, et d'améliorer ainsi leur qualité de vie.

De plus, à une échelle plus large, l'accès à l'avortement peut contribuer à la gestion démographique, particulièrement dans les régions où la surpopulation pose des défis importants en matière de ressources naturelles, de logement, et d'infrastructure. La capacité des femmes à contrôler leur fertilité est donc essentielle pour le développement durable et l'amélioration des conditions de vie.

L'accès à l'avortement s'accompagne également d'une réduction des avortements clandestins et des abandons d'enfants, car il permet de mieux gérer les naissances dans des contextes où les familles ne sont pas prêtes ou ne souhaitent pas avoir d'autres enfants. Cela a des répercussions positives sur la société, en réduisant le nombre d'enfants non désirés et en permettant aux familles de mieux planifier leur avenir.

E. Cas de viol, inceste ou malformations fœtales graves

Le droit à l'avortement est particulièrement crucial dans les situations où la grossesse résulte de viol, d'inceste, ou est associée à des malformations fœtales graves. Pour les victimes de viol ou d'inceste, la possibilité de mettre fin à une grossesse non désirée est un aspect fondamental de leur rétablissement physique et psychologique. Forcer une femme à mener à terme une grossesse issue d'un acte de violence sexuelle constitue une seconde victimisation, aggravant le traumatisme initial.

De plus, dans les cas de malformations fœtales graves, l'avortement peut être la seule option pour éviter des souffrances inutiles à l'enfant à naître, ainsi qu'à ses parents. Les diagnostics prénataux permettent aujourd'hui de détecter un certain nombre de conditions incurables ou sévèrement handicapantes. Dans de telles situations, le choix d'interrompre la grossesse peut être motivé par des considérations de compassion, de qualité de vie, et de respect de la dignité humaine.

Enfin, l'accès à l'avortement dans ces cas extrêmes reflète le respect de la liberté de choix des femmes face à des décisions difficiles et profondément personnelles. Laisser les femmes et leurs familles décider en toute conscience de ce qui est le mieux pour elles dans ces circonstances contribue à garantir des droits humains fondamentaux, tout en respectant la diversité des situations individuelles.

IV. Arguments contre l'avortement

A. Droit à la vie du fœtus

Un des principaux arguments contre l'avortement repose sur le droit à la vie du fœtus. Les opposants à l'avortement soutiennent que dès la conception, l'embryon ou le fœtus possède une vie humaine distincte, dotée d'un potentiel unique. Ils avancent que ce droit à la vie est fondamental et inaliénable, et qu'il doit être protégé par la loi, tout comme les droits des individus déjà nés. Pour eux, l'avortement équivaut à mettre fin à une vie humaine innocente, ce qui constitue une violation grave de l'éthique et des droits humains.

Les partisans de cette perspective affirment que le fœtus, bien que dépendant de la mère pour son développement, a une existence biologique distincte, avec son propre ADN et un potentiel de devenir un être humain pleinement développé. Ils soutiennent que la société a la responsabilité de protéger les plus vulnérables, y compris les fœtus, qui ne peuvent pas se défendre ou exprimer leur propre volonté.

B. Considérations éthiques et religieuses

Les considérations éthiques et religieuses jouent un rôle central dans les arguments contre l'avortement. De nombreuses religions considèrent la vie comme sacrée dès le moment de la conception, et par conséquent, l'avortement est souvent vu comme moralement répréhensible, voire comme un péché. Ces traditions religieuses enseignent que la vie humaine doit être respectée et protégée, et que seule une force supérieure, telle que Dieu, a le droit de donner ou de retirer la vie.

Éthiquement, certains pensent que l'avortement pose des questions complexes sur la valeur de la vie humaine, l'autonomie, et la responsabilité. Ils argumentent que permettre l'avortement banalise le respect pour la vie humaine et pourrait mener à une société où la vie est évaluée de manière utilitariste, en fonction de la convenance ou des circonstances personnelles, plutôt qu'en tant que valeur intrinsèque. Ces considérations éthiques et religieuses sont souvent invoquées pour plaider en faveur de lois restrictives sur l'avortement, voire pour son interdiction totale.

C. Alternatives à l'avortement (adoption, soutien social)

Les opposants à l'avortement mettent également en avant les alternatives existantes, telles que l'adoption et le soutien social accru pour les femmes enceintes. Ils soutiennent que plutôt que de choisir l'avortement, les femmes devraient être encouragées à envisager l'adoption, qui permettrait au fœtus de vivre tout en offrant une solution aux couples ou aux individus qui souhaitent adopter. L'adoption est présentée comme une option éthique qui préserve la vie tout en répondant aux besoins des femmes qui, pour diverses raisons, ne sont pas en mesure d'élever un enfant.

En parallèle, les défenseurs de cette position insistent sur l'importance d'améliorer les soutiens sociaux pour les femmes enceintes, notamment en leur offrant des ressources financières, des services de conseil, et un accompagnement pendant et après la grossesse. Ils estiment que de telles mesures pourraient réduire les pressions qui poussent certaines femmes à choisir l'avortement, en rendant la parentalité plus accessible et moins intimidante.

D. Risques psychologiques pour la femme

Un autre argument souvent avancé contre l'avortement concerne les risques psychologiques potentiels pour les femmes. Certaines études suggèrent que l'avortement peut entraîner des sentiments de culpabilité, de tristesse, et de regret chez certaines femmes, ce qui pourrait mener à des troubles psychologiques tels que la dépression ou l'anxiété. Les opposants à l'avortement soulignent que ces conséquences psychologiques sont parfois sous-estimées ou ignorées dans les débats sur le droit à l'avortement.

Ils affirment que le processus de prise de décision concernant l'avortement peut être extrêmement stressant et émotionnellement chargé, et que les femmes devraient être pleinement informées des possibles répercussions à long terme sur leur santé mentale. Les partisans de cette vision estiment que la société a le devoir de protéger les femmes de ces conséquences en limitant ou en interdisant l'accès à l'avortement, tout en renforçant les soutiens pour celles qui choisissent de mener leur grossesse à terme.

E. Pente glissante vers l'eugénisme

Enfin, certains opposants à l'avortement expriment des craintes concernant une "pente glissante" vers l'eugénisme. Ils craignent que la possibilité d'avorter en cas de détection de malformations fœtales ou de troubles génétiques ne conduise à une société où la vie humaine est évaluée sur des critères de "perfection" ou de "valeur" perçue. Cette perspective soulève des inquiétudes éthiques sur la manière dont la société pourrait en venir à discriminer ou à rejeter des vies jugées "moins parfaites" ou "moins désirables."

Ces craintes sont alimentées par des scénarios hypothétiques où l'avortement pourrait être utilisé pour éliminer systématiquement des traits ou des caractéristiques spécifiques, ce qui pourrait conduire à une forme moderne d'eugénisme, où seuls les individus répondant à certains critères seraient considérés comme dignes de vivre. Pour ces opposants, il est crucial de mettre en place des protections légales fortes pour prévenir tout glissement vers de telles pratiques, en valorisant chaque vie humaine indépendamment de ses caractéristiques ou de ses potentialités.

En conclusion, les arguments contre l'avortement reposent sur une combinaison de préoccupations éthiques, religieuses, psychologiques, et sociales, avec un accent particulier sur la protection du droit à la vie du fœtus et sur les implications plus larges de la pratique de l'avortement pour la société.

V. Impact social et économique

A. Conséquences sur la santé publique

L'impact de l'avortement sur la santé publique est un sujet complexe qui soulève plusieurs enjeux. L'accès à des services d'avortement sûrs et légaux est souvent présenté comme essentiel pour préserver la santé des femmes. Dans les contextes où l'avortement est restreint ou illégal, les femmes peuvent se tourner vers des pratiques clandestines, souvent dangereuses, qui augmentent les risques de complications graves, voire de décès. Ces avortements non sécurisés contribuent de manière significative à la morbidité et à la mortalité maternelles dans de nombreux pays, ce qui représente un fardeau considérable pour les systèmes de santé.

Par ailleurs, l'accès à des soins d'avortement de qualité peut réduire les coûts liés aux complications obstétricales et à la prise en charge des grossesses non désirées. Il est également associé à une meilleure planification familiale, permettant de prévenir les grossesses non planifiées et de mieux gérer les ressources de santé publique. En effet, les ressources peuvent être redirigées vers la prévention, l'éducation sexuelle, et les soins prénatals, améliorant ainsi les indicateurs globaux de santé maternelle et infantile.

B. Effets sur l'éducation et l'emploi des femmes

L'avortement a un impact direct sur la trajectoire éducative et professionnelle des femmes. Lorsqu'une femme a accès à l'avortement, elle peut choisir de poursuivre ses études ou de maintenir sa carrière sans interruption due à une grossesse non planifiée. Ce contrôle sur sa fécondité permet à de nombreuses femmes de continuer à investir dans leur éducation, d'améliorer leurs perspectives d'emploi, et de contribuer plus efficacement à l'économie.

Les études montrent que les femmes qui ont accès à l'avortement sont plus susceptibles de terminer leurs études et d'occuper des emplois mieux rémunérés. En revanche, les grossesses non désirées, lorsqu'elles sont menées à terme, peuvent conduire à des interruptions prolongées des études ou à l'abandon scolaire, ce qui limite les opportunités économiques des femmes. De plus, ces conséquences peuvent avoir un effet multiplicateur sur les générations futures, car les enfants de mères qui ont pu poursuivre leurs études sont souvent mieux préparés pour réussir sur le plan éducatif et professionnel.

C. Coûts pour le système de santé

Le coût de l'avortement pour le système de santé est un aspect important du débat. D'une part, les avortements pratiqués en milieu sûr et réglementé peuvent représenter un coût initial pour le système de santé, mais ce coût est souvent inférieur à celui de la prise en charge des complications résultant d'avortements clandestins ou non sécurisés. Les avortements non sécurisés peuvent nécessiter des interventions médicales complexes, des hospitalisations prolongées, et un suivi à long terme pour traiter les infections, les hémorragies, ou d'autres complications graves.

En outre, en permettant aux femmes de contrôler le moment et les circonstances de la maternité, l'accès à l'avortement contribue à une meilleure gestion des ressources de santé, en évitant les naissances non désirées qui pourraient nécessiter un soutien médical et social important. Cela inclut les soins prénatals, les accouchements, et les soins postnatals, ainsi que les services de soutien pour les enfants, comme les soins pédiatriques et l'éducation spécialisée pour les enfants nés avec des handicaps.

D. Démographie et politiques familiales

L'avortement influence également la démographie et les politiques familiales au niveau national. Les taux d'avortement peuvent affecter la croissance démographique, en réduisant le nombre de naissances non planifiées, ce qui peut avoir des implications pour les politiques publiques, notamment en matière de planification urbaine, de services sociaux, et de retraites. Dans les pays où les taux de natalité sont faibles, les restrictions à l'avortement peuvent être utilisées comme un levier pour encourager la croissance démographique, bien que cela soulève des questions éthiques et sociales.

Les politiques familiales sont également impactées par l'accès à l'avortement. Un accès plus large à l'avortement peut soutenir les politiques de planification familiale en permettant aux couples de décider du nombre d'enfants qu'ils souhaitent avoir et du moment où ils les auront. Cela peut contribuer à une meilleure répartition des ressources familiales, à une amélioration de la qualité de vie des enfants, et à une plus grande stabilité économique pour les familles.

Dans un contexte global, les variations dans les politiques d'avortement peuvent également refléter et influencer les valeurs sociétales, notamment en matière d'égalité des sexes et de droits reproductifs. Par exemple, dans certains pays, l'accès à l'avortement est considéré comme un droit fondamental lié à la santé reproductive et à l'égalité des femmes, tandis que dans d'autres, il est restreint en raison de considérations morales, religieuses, ou démographiques.

En résumé, l'impact social et économique de l'avortement est vaste et multifacette, touchant à des questions de santé publique, d'éducation, d'emploi, de coûts pour les systèmes de santé, et de politiques démographiques. Ces aspects soulignent l'importance de considérer l'avortement non seulement comme une question individuelle, mais aussi comme un enjeu de société aux implications profondes et durables.

VI. Aspects éthiques et philosophiques

A. Début de la vie et statut moral du fœtus

L'un des aspects centraux du débat sur l'avortement concerne la question du début de la vie et le statut moral du fœtus. Les discussions éthiques se concentrent sur le moment précis où la vie humaine commence et à partir de quand le fœtus doit être considéré comme une entité morale avec des droits propres. Les réponses à cette question varient en fonction des perspectives scientifiques, philosophiques et religieuses.

Certaines approches religieuses, comme celles issues du catholicisme, considèrent que la vie commence dès la conception, attribuant ainsi au fœtus un statut moral équivalent à celui d'un être humain dès les premiers instants de la grossesse. D'autres courants philosophiques et scientifiques proposent des repères alternatifs, tels que le développement du système nerveux central, la capacité à ressentir la douleur, ou la viabilité du fœtus en dehors du corps maternel. Ces différentes conceptions influencent les arguments pour et contre l'avortement, en définissant les droits que l'on reconnaît ou non au fœtus à différents stades de son développement.

B. Conflit entre droits de la mère et droits du fœtus

Le débat éthique sur l'avortement soulève également la question du conflit potentiel entre les droits de la mère et ceux du fœtus. Ce dilemme repose sur la reconnaissance du droit de la femme à disposer de son propre corps et à prendre des décisions concernant sa santé et sa vie, face au droit du fœtus à la vie, tel qu'il est perçu par certains.

Les défenseurs du droit à l'avortement mettent en avant l'autonomie corporelle des femmes, affirmant que toute personne doit avoir le contrôle sur son propre corps, y compris la décision de poursuivre ou non une grossesse. Ils soulignent que forcer une femme à mener une grossesse non désirée contre sa volonté constitue une violation de ses droits fondamentaux.

En revanche, les opposants à l'avortement insistent sur le droit à la vie du fœtus, soutenant que dès lors que la vie est présente, elle mérite une protection. Pour eux, l'avortement représente une atteinte à ce droit, et le rôle de la société devrait être de protéger les plus vulnérables, y compris le fœtus. Ce conflit de droits soulève des questions complexes sur la hiérarchie des droits et sur la manière dont ces droits peuvent être équilibrés ou priorisés dans les décisions éthiques et légales.

C. Rôle de l'État dans les décisions personnelles

L'intervention de l'État dans les décisions personnelles, notamment en matière d'avortement, est un autre enjeu éthique et philosophique majeur. La question se pose de savoir jusqu'où l'État doit s'immiscer dans les choix individuels concernant la grossesse, et quelle est la légitimité de cette intervention.

Certains soutiennent que l'État a la responsabilité de protéger la vie humaine, y compris celle du fœtus, et qu'il est donc légitime pour les gouvernements d'imposer des restrictions sur l'avortement. Ils estiment que la régulation de l'avortement est nécessaire pour garantir la protection des droits du fœtus et pour maintenir les normes éthiques au sein de la société.

D'autres défendent l'idée que l'avortement est une décision profondément personnelle qui relève de la sphère privée, et que l'État ne devrait pas intervenir dans ce choix. Ils avancent que les femmes sont les mieux placées pour décider de leur avenir reproductif, en fonction de leurs circonstances individuelles, de leur santé, de leurs croyances et de leurs valeurs. Pour ces défenseurs, toute régulation excessive de l'avortement par l'État représente une intrusion inacceptable dans la vie privée et une restriction des libertés individuelles.

D. Éthique médicale et objection de conscience des praticiens

L'éthique médicale et l'objection de conscience des praticiens constituent des dimensions cruciales du débat sur l'avortement. Les professionnels de la santé sont confrontés à des dilemmes éthiques lorsqu'ils doivent pratiquer des avortements ou lorsqu'ils sont sollicités pour y participer. L'objection de conscience permet à un praticien de refuser de pratiquer un acte médical, tel que l'avortement, s'il va à l'encontre de ses convictions personnelles, morales ou religieuses.

D'un côté, le respect de l'objection de conscience est vu comme un droit fondamental des praticiens, leur permettant de ne pas être contraints à agir contre leurs principes éthiques. Cependant, ce droit peut entrer en conflit avec le devoir professionnel de fournir des soins appropriés et avec les droits des patientes à recevoir ces soins. Dans certaines juridictions, des mécanismes ont été mis en place pour concilier ces deux exigences, par exemple en exigeant que les praticiens objecteurs redirigent les patientes vers un autre professionnel prêt à réaliser l'acte.

En outre, le débat sur l'éthique médicale autour de l'avortement soulève des questions sur les devoirs des médecins envers leurs patientes et sur l'équilibre entre les obligations professionnelles et les convictions personnelles. Certains soutiennent que les professionnels de santé ont le devoir de respecter l'autonomie des patientes et de garantir un accès sûr et légal à l'avortement, même si cela entre en conflit avec leurs propres croyances. D'autres estiment qu'il est essentiel de préserver l'intégrité morale des praticiens, même si cela signifie limiter l'accès à certains services médicaux.

En somme, les aspects éthiques et philosophiques de l'avortement englobent des questions complexes et profondes sur la nature de la vie, les droits individuels, le rôle de l'État, et les responsabilités des professionnels de la santé. Ces discussions reflètent les tensions et les dilemmes inhérents à une question qui touche aux valeurs fondamentales et aux croyances les plus profondes de chacun.

VII. Enjeux sociétaux et culturels

A. Influence des normes culturelles et religieuses

Les normes culturelles et religieuses jouent un rôle déterminant dans la perception et la régulation de l'avortement à travers le monde. Ces normes, profondément ancrées dans les traditions et les croyances des sociétés, influencent les attitudes individuelles et collectives à l'égard de l'avortement. Dans de nombreuses cultures, la religion constitue une force motrice qui façonne les opinions publiques sur ce sujet.

Par exemple, dans les pays à forte influence catholique, tels que l'Irlande ou les Philippines, l'opposition à l'avortement est souvent soutenue par des doctrines religieuses qui considèrent la vie comme sacrée dès la conception. De même, dans les pays où l'islam est la religion dominante, l'avortement est généralement rejeté, sauf dans des circonstances particulières, telles que la menace pour la vie de la mère. Ces convictions religieuses peuvent mener à des législations restrictives, limitant ou interdisant l'accès à l'avortement.

En revanche, dans les sociétés plus laïques ou dans celles où d'autres religions, comme le protestantisme libéral, sont influentes, les approches envers l'avortement tendent à être plus permissives. Dans ces contextes, la législation peut refléter une plus grande ouverture à l'autonomie individuelle, en permettant l'avortement pour une variété de raisons, y compris le choix personnel de la femme.

B. Évolution des structures familiales

L'évolution des structures familiales influence également les attitudes et les politiques en matière d'avortement. Au fil des décennies, les modèles familiaux ont connu des transformations majeures, passant de structures traditionnelles centrées sur le mariage et la procréation à des configurations plus diversifiées, où les notions de parentalité, de couple, et de sexualité ont évolué.

Ces changements ont conduit à une réévaluation des rôles assignés aux femmes et des attentes sociales en matière de reproduction. Par exemple, l'augmentation du nombre de familles monoparentales, de couples non mariés, et de personnes choisissant de ne pas avoir d'enfants a contribué à une acceptation plus large de l'avortement en tant que décision personnelle. L'avortement peut ainsi être perçu comme un moyen de contrôler sa propre trajectoire de vie dans un contexte où les normes familiales sont de moins en moins rigides.

De plus, la tendance vers des familles plus petites et une plus grande attention portée à la qualité de vie des enfants a renforcé l'idée que chaque grossesse doit être désirée et planifiée. Dans ce cadre, l'avortement est parfois considéré comme une option nécessaire pour éviter des situations où ni l'enfant ni les parents ne sont prêts à accueillir une nouvelle vie.

C. Éducation sexuelle et contraception

L'éducation sexuelle et l'accès à la contraception sont des éléments cruciaux pour comprendre les enjeux sociétaux autour de l'avortement. Une éducation sexuelle complète, qui inclut des informations sur la reproduction, les méthodes contraceptives, et les droits en matière de santé sexuelle, est essentielle pour permettre aux individus de prendre des décisions éclairées et responsables concernant leur sexualité et la planification familiale.

Dans les sociétés où l'éducation sexuelle est bien intégrée dans les programmes scolaires et où l'accès à la contraception est facilité, les taux d'avortement ont tendance à être plus bas. Cela s'explique par une meilleure prévention des grossesses non désirées, réduisant ainsi la nécessité de recourir à l'avortement.

Cependant, dans de nombreux pays, l'éducation sexuelle est insuffisante ou inexistante, souvent en raison de tabous culturels ou religieux. Cette lacune entraîne une méconnaissance des moyens de contraception et une plus grande prévalence de grossesses non planifiées, augmentant par conséquent la demande pour l'avortement. Ainsi, le développement d'une éducation sexuelle adéquate est un enjeu clé pour réduire les avortements tout en respectant les droits reproductifs des femmes.

D. Stigmatisation et tabous autour de l'avortement

La stigmatisation et les tabous entourant l'avortement constituent des obstacles majeurs pour les femmes cherchant à exercer leur droit à interrompre une grossesse. Dans de nombreuses cultures, l'avortement est perçu comme un acte honteux ou immoral, ce qui conduit à une marginalisation des femmes qui y ont recours, ainsi qu'à des retombées psychologiques négatives.

La stigmatisation de l'avortement peut se manifester de diverses manières : ostracisme social, culpabilisation, et parfois même violence verbale ou physique à l'encontre des femmes qui avortent. Cette stigmatisation est souvent alimentée par des discours religieux ou conservateurs qui condamnent l'avortement comme contraire aux valeurs morales de la société.

Les tabous autour de l'avortement peuvent également entraîner un manque de soutien, tant sur le plan médical que sur le plan social, pour les femmes qui envisagent ou ont subi un avortement. Cette absence de soutien peut aggraver les conséquences psychologiques et physiques de l'avortement, en isolant les femmes et en les empêchant de rechercher l'aide dont elles ont besoin.

Pour contrer cette stigmatisation, des efforts sont nécessaires pour normaliser le discours sur l'avortement, en le présentant comme une question de santé publique et de droits humains plutôt que comme un sujet moralement chargé. Des campagnes d'information, des témoignages publics de femmes, et un meilleur accès à des services de soutien peuvent contribuer à réduire la stigmatisation et à protéger les droits des femmes.

VIII. Perspectives d'avenir

A. Avancées médicales et nouvelles technologies

Les avancées médicales et les nouvelles technologies jouent un rôle crucial dans la transformation de l'accès à l'avortement et la manière dont il est pratiqué. L'essor des techniques non invasives, telles que l'avortement médicamenteux, a déjà révolutionné les soins de santé reproductive, offrant une alternative plus sûre et plus accessible aux méthodes chirurgicales traditionnelles. Cette évolution a permis de réduire les risques pour la santé des femmes et de rendre l'avortement plus disponible, même dans des contextes où les infrastructures médicales sont limitées.

Les progrès futurs pourraient inclure le développement de nouvelles méthodes d'avortement encore plus sécurisées et moins traumatisantes, avec un potentiel d'autogestion accrue par les femmes, dans un cadre sécurisé et accompagné par des professionnels de santé. L'intégration des technologies numériques dans les soins de santé reproductive, telle que la télémédecine, pourrait également faciliter l'accès à l'avortement en permettant aux femmes d'obtenir des conseils et des prescriptions sans se déplacer, ce qui est particulièrement crucial dans les régions rurales ou dans les pays où l'accès aux services est limité.

Par ailleurs, la recherche continue dans le domaine de la contraception pourrait conduire à des méthodes plus efficaces et plus accessibles, contribuant à réduire le nombre de grossesses non désirées et, par conséquent, la demande pour l'avortement. Ces avancées pourraient transformer la manière dont la société aborde la santé reproductive, en offrant davantage de choix et de contrôle aux femmes.

B. Évolution des mentalités et du débat public

L'évolution des mentalités et du débat public autour de l'avortement est un autre aspect clé pour l'avenir. Alors que le monde devient de plus en plus connecté et que les informations circulent plus librement, les opinions sur l'avortement évoluent. Dans de nombreux pays, une tendance vers une plus grande acceptation des droits reproductifs des femmes se dessine, notamment parmi les jeunes générations, qui tendent à privilégier l'autonomie personnelle et l'égalité des sexes.

Cependant, cette évolution n'est pas homogène. Dans certaines régions, les mentalités restent fortement influencées par des traditions religieuses ou culturelles conservatrices, où l'avortement est encore largement stigmatisé. Le débat public sur l'avortement continue donc d'être polarisé, avec des tensions entre les partisans du droit à l'avortement et ceux qui s'y opposent. Ce débat est souvent amplifié par les médias et les réseaux sociaux, où les opinions extrêmes trouvent un écho important.

L'avenir du débat public sur l'avortement pourrait être marqué par une recherche de dialogues plus nuancés, qui prennent en compte la diversité des opinions tout en respectant les droits fondamentaux des femmes. La sensibilisation et l'éducation jouent un rôle essentiel dans ce processus, en permettant de démystifier les questions liées à l'avortement et en favorisant une compréhension plus large des enjeux.

C. Recherche d'un consensus social

La recherche d'un consensus social sur l'avortement est une tâche complexe, mais nécessaire pour apaiser les tensions sociétales et créer des politiques équilibrées. Ce consensus implique de trouver un terrain d'entente entre les différentes positions sur l'avortement, tout en respectant les droits des femmes et les convictions personnelles.

Dans certains pays, des initiatives ont été mises en place pour créer des espaces de dialogue entre les différents acteurs du débat sur l'avortement, y compris les représentants religieux, les défenseurs des droits des femmes, les professionnels de santé, et les responsables politiques. Ces dialogues visent à élaborer des cadres législatifs qui respectent à la fois la liberté de choix des femmes et les préoccupations éthiques de ceux qui s'opposent à l'avortement.

Un consensus social pourrait également inclure des compromis sur des questions spécifiques, telles que l'avortement tardif ou l'accès à l'avortement pour les mineures. L'objectif serait de parvenir à une législation qui protège les droits des femmes tout en étant acceptable pour la majorité de la société. Cette recherche de consensus est un processus délicat, mais il est essentiel pour prévenir les divisions sociales profondes et assurer une coexistence pacifique des différentes visions du monde.

D. Politiques de prévention et d'accompagnement

Enfin, les politiques de prévention et d'accompagnement seront cruciales pour l'avenir de la santé reproductive. Une approche proactive visant à réduire le nombre de grossesses non désirées par l'éducation, l'accès à la contraception, et le soutien aux femmes pourrait permettre de diminuer la nécessité d'avorter. Ces politiques doivent inclure une éducation sexuelle complète, qui ne se limite pas à la simple prévention des grossesses, mais qui aborde aussi les aspects émotionnels et relationnels de la sexualité.

De plus, il est essentiel de mettre en place des services d'accompagnement pour les femmes qui choisissent de poursuivre leur grossesse, ainsi que pour celles qui optent pour l'avortement. Ces services devraient inclure un soutien psychologique, un accompagnement social, et des conseils en matière de santé. Un tel accompagnement permettrait de réduire les effets négatifs potentiels sur la santé mentale des femmes et de leur offrir un soutien dans une période souvent difficile.

Les politiques de prévention et d'accompagnement doivent être conçues pour être inclusives et accessibles à toutes les femmes, quel que soit leur contexte socio-économique ou géographique. Elles doivent également être soutenues par des investissements publics adéquats, afin d'assurer la disponibilité et la qualité des services offerts. En intégrant ces politiques dans une approche globale de la santé reproductive, les sociétés peuvent espérer un avenir où le recours à l'avortement est réduit, non pas par la coercition, mais par un véritable choix informé.

CONCLUSION : Vers une approche équilibrée et respectueuse des différentes sensibilités

Le débat sur le droit à l'avortement, profondément ancré dans les questions de droits individuels, d'éthique médicale, et d'enjeux de société, est l'un des plus complexes et polarisants de notre époque. À travers ce livre, nous avons exploré les multiples facettes de cette question, depuis l'évolution des législations et l'influence des groupes de pression, jusqu'aux implications sociales, économiques, éthiques, et philosophiques.

Il est clair que l'avortement ne peut être réduit à une simple question de droit ou d'interdit. Les arguments en faveur du droit à l'avortement soulignent l'importance de l'autonomie corporelle des femmes, de leur santé et sécurité, et de l'égalité des sexes. En revanche, les opposants à l'avortement mettent en avant le droit à la vie du fœtus, des considérations éthiques et religieuses, ainsi que les alternatives possibles, telles que l'adoption. Ces positions, bien qu'opposées, partagent une profondeur et une sincérité qui rendent le dialogue indispensable.

La diversité des points de vue sur l'avortement reflète une pluralité de sensibilités, de croyances et de valeurs. Dans ce contexte, chercher une approche équilibrée est non seulement souhaitable, mais nécessaire. Cela implique de reconnaître la légitimité des préoccupations de chaque camp, tout en œuvrant pour la protection des droits fondamentaux, notamment celui des femmes à disposer de leur corps.

Un consensus social, bien que difficile à atteindre, pourrait reposer sur plusieurs axes. Premièrement, il est essentiel de garantir un accès sécurisé et légal à l'avortement pour celles qui le choisissent, tout en offrant des alternatives viables et un soutien accru pour les femmes qui décident de poursuivre leur grossesse. Ensuite, les politiques de prévention, incluant l'éducation sexuelle et l'accès à la contraception, doivent être renforcées pour réduire les grossesses non désirées. Enfin, le dialogue entre les différentes parties prenantes doit être encouragé, afin de créer un climat de respect mutuel et de compréhension.

Les perspectives d'avenir montrent que les avancées médicales, l'évolution des mentalités, et les politiques de prévention peuvent jouer un rôle crucial dans l'atténuation des tensions autour de l'avortement. Toutefois, il est fondamental que ces progrès soient accompagnés d'une réflexion éthique continue, qui tienne compte des nouvelles réalités sans jamais perdre de vue les questions fondamentales de dignité humaine et de justice sociale.

En définitive, une approche équilibrée et respectueuse des différentes sensibilités ne doit pas chercher à imposer une vision unique, mais à trouver des solutions qui respectent la complexité du sujet et les droits de tous les individus concernés. C'est par le dialogue, l'écoute, et la volonté commune de trouver des réponses justes et humaines que nous pourrons espérer dépasser les divisions et construire une société plus inclusive et respectueuse des choix de chacun.